Siempre
imaginé que
el Paraíso sería
algún tipo
de biblioteca

Título original: *No Two Persons Ever Read the Same Book. Quotes on Books, Reading and Writing*, publicado originalmente por Luster, Amberes, 2015. www.lusterweb.com

Diseño tipográfico de la versión original: Dooreman
Selección de citas: Bart Van Aken
Documentación: Sandy Logan

Versión castellana: Julio Fajardo
Diseño de la cubierta: Toni Cabré/Editorial Gustavo Gili

1ª edición, 2ª tirada, 2017

Printed in Spain
ISBN: 978-84-252-3034-9
Depósito legal: B. 3940-2017
Impresión: agpograf impressors, Barcelona

Editorial Gustavo Gili, SL
Via Laietana 47, 2°, 08003 Barcelona, España.
Tel. (+34) 93 322 81 61
Valle de Bravo 21, 53050 Naucalpan, México.
Tel. (+52) 55 55 60 60 11

GG®

Citas sobre los libros, la lectura y la escritura

CITAR O NO CITAR,

Una versión un tanto particular de la cita de William Shakespeare, y ni siquiera hemos empezado todavía.

Hoy en día las citas aparecen por todas partes: en los tatuajes que lleva la gente, en las tazas de café, en los escaparates. Hombres de negocios, artistas y profesionales creativos suelen echar mano de citas para mostrar lo que son o lo que defienden.

Empecé a recopilar citas sobre la lectura y la escritura como una forma de terapia, una manera de mantener los pies en el suelo ante la auténtica oleada de libros que se publican año tras año. También era mi manera de resignarme ante la triste realidad de que nunca podré leerlos todos.

Más que dedicarme a apilar los éxitos de ventas más recientes, soy extremadamente cuidadoso con mi librería, como también lo soy con mi biblioteca. La misma premisa sirve para mi colección de citas, pues las citas explican quiénes somos.

ESA ES LA CUESTIÓN

Una buena cita me puede alegrar el día y muchas veces quiero compartir enseguida con los demás lo mucho que me gusta. Uno puede escudarse detrás de citas, algunos incluso vivimos inmersos en ellas, y pueden ser sencillas, intrigantes o provocadoras. Las citas pueden ayudarnos a hacer visible lo invisible. Siempre hay una cita para cada ocasión y, por cierto, creo que de hecho esto mismo también es una cita.

La mayoría de los libros de citas no añaden gran cosa a los entrecomillados. Generalmente, son meros diccionarios sencillos y funcionales... su publicación está pensada para el ávido coleccionista.

Sin embargo, cuando mi viejo amigo y gran diseñador gráfico Dooreman aceptó encargarse del diseño tipográfico de la versión inglesa de este libro, supe que seríamos capaces de darle otra dimensión.

Este libro es una oda a la lectura, un homenaje al multitudinario grupo que formamos los cazadores y recolectores de belleza. También espero que les resulte estimulante a lectores nuevos y futuros y, por supuesto, a los potenciales coleccionistas de citas diseminados por todo el mundo.

¡Que lo disfruten!

Bart Van Aken

ES BUENA COSA QUE UN HOMBRE POCO

Ávido lector y erudito, pintor, escritor, periodista y corresponsal de guerra, **Winston Churchill** (1874-1965) fue de joven un chico despierto con un expediente académico mediocre, lo cual suponía una gran fuente de frustración para su padre. Después de presentarse tres veces a los exámenes de ingreso de la Real Academia Militar, acabó graduándose entre los mejores de su promoción. Más tarde combatió en Cuba, en la India, en Egipto, en Sudán y en la I Guerra Mundial, en la línea de frente. Parlamentario electo a los 25 años de edad, más adelante Churchill fue nombrado primer lord del almirantazgo, canciller de la Hacienda y dos veces primer ministro. Esta cita está extraída de *Mi juventud. Autobiografía*, publicada por primera vez en 1930.

ILUSTRADO

LEA LIBROS DE CITAS

It's a good thing for an uneducated man to read books on quotations

ESTOS SON MALOS TIEMPOS. LOS HIJOS HAN DEJADO DE OBEDECER A SUS PADRES Y TODO EL MUNDO ESCRIBE LIBROS

Esta sentencia se atribuye al consumado orador romano y avezado jurista **Marco Tulio Cicerón** (106-43 a. C.). Cicerón fue un estudiante brillante y desde muy joven mostró un enorme interés por la filosofía y la oratoria. Ya en su primer caso como letrado criticó el régimen de la República, marcando así la pauta para su futura carrera como político. A la edad de 42 años, Cicerón fue nombrado cónsul, con lo que alcanzó el más alto cargo a la edad más temprana posible, un logro formidable para alguien de origen plebeyo. Enfrentado al César, pasó un tiempo en el exilio. Durante este período, y también a su regreso, se dedicó a escribir. Hoy se conservan 57 de sus discursos. De entre los de contenido político, destacan las *Catilinarias*.

Los libros, el mejor antídoto

Books —the best antidote against the marsh-gas of boredom and vacuity

contra los efluvios del aburrimiento y la vacuidad

Francis George Steiner (1929) es un académico, crítico, ensayista, filósofo, escritor y profesor estadounidense de origen francés. Célebremente descrito por A. S. Byatt como "un hombre del Renacimiento tardío, muy tardío", durante 20 años ocupó el puesto de catedrático de Lengua Inglesa y Literatura Comparada de la Université de Genève, donde impartía clases en cuatro idiomas diferentes. Su carrera se extiende a lo largo de más de medio siglo. Ha escrito con elocuencia sobre los orígenes de la crueldad y de la creación humanas, así como sobre los efectos del Holocausto en el lenguaje y la cultura.

Considerado un rebelde literario a principios de su carrera, el poeta chileno **Roberto Bolaño** (1953-2003) se pasó a la novela para mantener a su familia. Con el tiempo acabaría convirtiéndose en una de las principales figuras literarias latinoamericanas de su generación. En Chile se le conocía por sus críticas burlonas a Isabel Allende y otros integrantes del *establishment* literario. Bolaño murió a los 50 años de edad de un fallo hepático mientras esperaba un trasplante. La cita está extraída de *Llamadas telefónicas* (1997), su primera y cautivadora colección de relatos cortos, centrados en personajes erráticos y marginales.

**Uno nunca termina de leer,
aunque los libros se acaban,
de la misma manera que
uno nunca termina de
vivir, aunque la muerte
sea un hecho cierto**

Bestsellers are the books that people who don't buy books are buying

LOS *BESTSELLERS* SON LOS LIBROS QUE COMPRA LA GENTE QUE NO SUELE COMPRAR LIBROS

Seth Godin (1960) fue el fundador de la empresa de marketing interactivo Yoyodine, que vendió a Yahoo en 1998. En 2005 lanzó Squidoo, una plataforma comunitaria *online* donde se vendían productos creados por no profesionales. Hoy en día su blog de marketing es uno de los más leídos en internet. Es autor de 18 libros de éxito y está reconocido como un gurú del marketing a nivel mundial. La cita está extraída de un artículo sobre la gestación de los *bestsellers*.

If you are in difficulties with a book, try the element of surprise —attack it at an hour when it isn't expecting it

Herbert George Wells (1886-1946) fue historiador y uno de los principales autores de ciencia ficción de su época. Probablemente se le conozca sobre todo por su novela *La guerra de los mundos*, popularizada por la adaptación radiofónica realizada

Si se te atraganta un libro, prueba con el factor sorpresa y ATÁCALO cuando menos se lo espere

por Orson Welles en 1938. Aquella retransmisión radiofónica al parecer provocó que cundiera el pánico entre la población. Lector precoz, Wells recibió una formación deficiente a causa de su mala salud. Fue despedido de su primer empleo, a los 14 años, cuando descubrieron que sus credenciales eran falsas. Wells acabó mudándose a Londres, donde escribió artículos y perfiles para distintas publicaciones. Desarrolló la idea de una sociedad ideal y creía en el poder de la ficción para proponer utopías.

Chinua Achebe (1930-2013) fue un escritor nigeriano. En 1958 irrumpió en la escena literaria con su revolucionaria novela *Todo se desmorona*, centrada en el choque entre la cultura nativa africana y la cultura blanca tradicional de los misioneros y el gobierno colonial de Nigeria. Después de pasar una temporada como profesor universitario en Estados Unidos, Achebe regresó a su Nigeria natal, donde dirigió dos editoriales y fue catedrático de Lengua Inglesa. *Hormigueros de la sabana*, obra de la que está extraída la cita, cuenta la historia de Chris Oriko, quien trabaja para un amigo suyo de la infancia que ha llegado a presidente de Kangan, nación ficticia del África occidental. Cuando el presidente censura al editor de uno de los periódicos estatales —otro amigo suyo de la infancia, muy crítico con el régimen—, acaba poniéndose a prueba la lealtad de Chris.

LOS ESCRITORES NO DAN RECETAS... DAN DOLORES DE CABEZA

Writers don't give prescriptions... they give headaches

Escribir no es una profesión,

Ecrire n'est pas une profession, mais une vocation pour le malheur

sino una vocación de infelicidad

Georges Simenon (1903-1989) fue un escritor belga, creador del inmortal inspector y fumador de pipa Jules Maigret. Tras la muerte de su padre, cuando Georges solo contaba 15 años, empezó a trabajar en un diario como aprendiz de periodista y pasó a explorar el lado más sórdido de la ciudad de Lieja. Aquella experiencia lo inspiró para escribir su primera novela a los 17 años. De Simenon se decía que podía escribir entre 60 y 80 folios al día. También afirmaba haber tenido 10.000 amantes. A su muerte, era uno de los autores más prolíficos del siglo XX, con 166 novelas firmadas con su nombre y muchas otras bajo varios seudónimos.

Alberto Manguel (1948) es un traductor, ensayista y novelista canadiense. Nacido en Buenos Aires e hijo de un embajador, pasó su infancia en Israel, donde su padre estaba destinado. Al volver a Buenos Aires en la adolescencia, Manguel trabajó en una librería al salir de clase. Allí se le acercó un día Jorge Luis Borges, que estaba perdiendo la visión, y le ofreció un trabajo a tiempo parcial como lector. Aquella relación se convirtió en determinante para Manguel. En 1968 salió del país, antes de que empezaran la etapa del terror y las desapariciones. Su obra *Una historia de la lectura* recorre 6.000 años de lectura a través de diferentes culturas.

La vida seguía su curso porque yo pasaba las páginas

Los libros te obligan a devolverles algo,

Books force you to give something back to them, to exercise your intelligence and imagination

a que ejercites tu inteligencia y tu imaginación

Paul Auster (1947) es un escritor estadounidense. Después de graduarse en la Columbia University, pasó una temporada en Francia, donde se ganó la vida como traductor de literatura francesa. De regreso a Estados Unidos, empezó a publicar sus propios poemas, ensayos y novelas, entre ellas la aclamada *Trilogía de Nueva York* (1987). Entre sus influencias señala a Edgar Allan Poe, Samuel Beckett y Herman Melville. La cita está extraída de *Un hombre en la oscuridad*, una novela publicada en 2008 que transporta al lector a una realidad alternativa, tal como la imagina su protagonista, en la que Estados Unidos se encuentra sumido en una cruenta guerra civil tras la elección de George W. Bush en 2000.

A **Nick Cave** se le conoce sobre todo como líder del grupo Nick Cave and the Bad Seeds. La intensidad emocional de su música, marcada por su obsesión por la muerte, la religión, el amor y la violencia, le ha granjeado el título de "príncipe de las tinieblas". La obra más reciente del músico, compositor, actor y escritor australiano es el libreto de la ópera *Shell Shock*, de Nicholas Lens, con motivo del centenario de la Gran Guerra. Cave ha colaborado con artistas como Shane MacGowan, Johnny Cash, Marianne Faithful, Kylie Minogue o PJ Harvey.

Soy más bien de la VIEJA ESCUELA y nada me gusta más que sentarme con un libro y ponerme a leer

I'm kind of old-school and love nothing more than sitting, opening a book, and reading it

Muchos consideran a **Maurice Sendak** (1928-2012) el más importante ilustrador de libros infantiles del siglo XX. Nacido en Nueva York e hijo de inmigrantes judíos polacos, su infancia se vio ensombrecida por las muertes de distintos miembros de su familia durante el Holocausto. Decidió hacerse ilustrador a los 12 años, después de ver *Fantasía* de Walt Disney. Sendak alcanzó la fama con *Donde viven los monstruos*, de cuyo texto también es autor.

UN LIBRO OFRECE MUCHAS COSAS MÁS ALLÁ DE LA MERA LECTURA

There's so much more to a book than just the reading

L'écriture ressemble à la prostitution. D'abord on écrit pour l'amour de la chose, puis pour quelques amis, et à la fin, pour de l'argent

Molière (1622-1673) fue un dramaturgo y actor francés, probablemente el autor cómico más importante de la literatura occidental. Tras la muerte de su madre, trabajó como actor itinerante, lo cual le permitió perfeccionar su técnica como comediante. Con el tiempo empezó a escribir sus propias comedias, combinando elementos de la Commedia dell'arte con los de la comedia francesa, más refinada. Entre sus obras de teatro más destacadas figuran *Tartufo o el impostor*, *El misántropo* y *El avaro*.

La escritura se parece a la
PROSTITUCIÓN.
Primero uno escribe por
AMOR,
después lo hace por algunos
AMIGOS
cercanos y, al final, por
DINERO

Esta frase se atribuye a **Nathaniel Hawthorne** (1804-1864), novelista y cuentista estadounidense. Tras una infancia marcada por la timidez y la afición a los libros, empezó a escribir después de acabar sus estudios universitarios. Para distanciarse de la vergonzante implicación de algún miembro de su familia en la caza de brujas de Salem, a los veintitantos años Hawthorne añadió una w a su apellido. Conoció a Ralph Waldo Emerson y a Henry David Thoreau, quienes influyeron en su concepción de la intuición como valor especialmente preciado, tema que desarrolló en su famosa novela *La letra escarlata.*

La lectura fácil exige una escritura rematadamente difícil

Easy reading is damn hard writing

Comparado con el trabajo de escritor,

El novelista estadounidense **John Steinbeck** (1902-1968) decidió hacerse escritor a los 14 años, pero dejó la universidad sin haber obtenido titulación alguna y fue obrero y reportero en un periódico antes de alcanzar el éxito literario. *Las uvas de la ira* (1939), la novela con la que ganó el Premio Pulitzer, retrata las vicisitudes de una familia de trabajadores migrantes que viajan desde el Dust Bowl de Oklahoma a California durante la Gran Depresión. En su momento de mayor popularidad, la novela vendía 10.000 copias semanales. Steinbeck también trabajó como corresponsal durante la II Guerra Mundial. En 1962 recibió el Premio Nobel de Literatura.

las carreras de caballos parecen un negocio seguro y estable

The profession of book-writing makes horse-racing seem like a solid, stable business

Writing to me, is simply thinking through my fingers

PARA MÍ ESCRIBIR NO ES MÁS QUE PENSAR CON LOS DEDOS

Nacido en Rusia, el académico **Isaac Asimov** (1920-1972) emigró con sus padres a Estados Unidos siendo un bebé. La familia se estableció en Brooklyn. A los cinco años aprendió por su cuenta a leer y a los 15 acabó el instituto e ingresó en la Columbia University. Fue profesor de Bioquímica en la Facultad de Medicina de la Boston University, al tiempo que desarrollaba una prolífica carrera como escritor. Escribió casi 500 obras, entre ellas novelas de ciencia ficción como *Yo, robot* o la trilogía de *La fundación*, entre numerosas obras de diversos géneros.

LA VIDA ES COMO UNA ERRATA:

Life is like a typographical error: we're constantly writing and rewriting things over each other

CONSTANTEMENTE ESCRIBIMOS Y REESCRIBIMOS UNAS COSAS SOBRE OTRAS

Bret Easton Ellis (1964) es un novelista, guionista y cuentista estadounidense. Desde niño la escritura fue una de sus pasiones. En el Bennington College de Vermont se hizo amigo de Donna Tartt, quien más adelante publicaría el *bestseller El secreto*. Ellis terminó su primera novela, *Menos que cero*, antes de acabar sus estudios en la universidad. El libro lo catapultó a la fama. Su técnica más característica es la expresión de acontecimientos y opiniones en un tono desafecto. Su obra maestra, *American psycho*, fue elogiada por la crítica, sobre todo después de su adaptación cinematográfica, pese a sus pasajes de violencia explícita. La cita está extraída de su segunda novela, *Las leyes de la atracción*, que cuenta la historia de un grupo de universitarios promiscuos.

El poeta, polemista e historiador **John Milton** (1608-1674) fue una destacada figura política de la Commonwealth inglesa en tiempos de Oliver Cromwell. La poesía de Milton refleja sus profundas convicciones personales acerca de los asuntos políticos y la inestabilidad de la época. Sentía pasión por la libertad y la autodeterminación personal. Su poema épico *El paraíso perdido* está considerado por muchos como el más grande jamás escrito en lengua inglesa. La cita está extraída de su célebre *Aeropagitica*, una de las más influyentes y elocuentes apologías de la libertad de expresión y de prensa.

A good book is the precious lifeblood of a master spirit, embalmed and treasured up on purpose to a life beyond life

UN BUEN LIBRO

es la preciada
sangre de un
espíritu magistral,
embalsamada
y atesorada a
propósito para
alcanzar una vida
más allá de la vida

UN LECTOR VIVE MIL VIDAS ANTES DE MORIR.

George Raymond Richard Martin (1948) es un novelista y cuentista estadounidense que ha cultivado los géneros fantástico, de terror y ciencia ficción. Tras el inesperado fracaso de su cuarta novela, empezó a trabajar en la televisión como guionista y productor. Su obra más conocida es la novela épica y fantástica *Canción de hielo y fuego*, que se convirtió en un éxito de ventas tras ser adaptada para la televisión como la premiada serie *Juego de tronos*.

QUIEN NUNCA LEE SOLO VIVE UNA

A reader lives a thousand lives before he dies. The man who never reads lives only one

If you can't annoy somebody with what you write, I think there's little point in writing

Si uno no consigue molestar a nadie con lo que escribe, creo que tiene poco sentido escribir

El novelista, poeta, crítico y profesor inglés **Kingsley Amis** (1922-1995) interrumpió sus estudios al ser llamado a filas durante la II Guerra Mundial. Pasada la guerra, impartió clases en universidades de Gales, Inglaterra y Estados Unidos. Amis "construyó un imperio a base de enfado", ya que de alguna manera instintiva logró canalizar esta emoción hasta convertirla en prosa. En su primera novela, *La suerte de Jim*, creó a un antihéroe cómico y contrariado que asciende a través de las capas sociales solo para darse cuenta de que los hijos de buena cuna continúan ocupando los asientos más mullidos. Amis escribió más de 40 libros, entre ellos 20 novelas, varios volúmenes de poesía y diversas colecciones de artículos.

El escritor, dramaturgo y poeta irlandés **Oscar Wilde** (1854-1900) fue un niño despierto y amante de los libros. Se le concedieron becas para estudiar en el Trinity College de Dublín y en el Magdalen College de Oxford, donde demostró ser un formidable estudiante de clásicas. En Oxford también llevó a cabo sus primeras tentativas como escritor. A principios de la década de 1890 se convirtió en uno de los dramaturgos más conocidos de Londres y llegó a publicar numerosas obras de gran éxito, como la novela *El retrato de Dorian Gray* y la obra de teatro *La importancia de llamarse Ernesto*. Wilde se convirtió en una de las principales figuras del movimiento esteticista. En lo que acabó difundiéndose como un sonado escándalo, fue arrestado y condenado a trabajos forzosos por ser homosexual. El escritor y cómico Stephen Fry lo interpretó en una película biográfica titulada *Wilde*. La cita está extraída de *La decadencia de la mentira*, en la que Wilde expone sus consideraciones acerca del esteticismo.

SI UNO NO
DISFRUTA
RELEYENDO
UN LIBRO,
LEERLO
SOLO UNA
VEZ TAMPOCO
SIRVE DE NADA

If you cannot enjoy reading a book over and over again, there is no use in reading it at all

Bueno,

Nacido en Alemania, el poeta, novelista y autor de relatos estadounidense **Charles Bukowski** (1920-1994) desempeñó toda clase de trabajos para poder dedicarse a la escritura. Publicó su primer relato con 24 años y su primer poemario con 35. Para muchos fue "un poeta de los bajos fondos" que escribió sobre la pobreza, el alcohol, el tedio laboral y las relaciones sentimentales frustradas. Escribió miles de poemas, cientos de relatos y seis novelas. Sus novelas *Barfly* y *Factótum* fueron adaptadas al cine.

un libro es lo mismo que echar un polvo.

Abres por un sitio y... entras, ¿no?

Well, a book and a fuck are the same thing. You open a certain place and you just, enter, you know?

Atribuida a la estrella cinematográfica y televisiva estadounidense **Groucho Marx** (1890-1977), considerado por muchos como uno de los mejores comediantes de la era moderna. Nacido en Nueva York, se pasó casi siete décadas haciendo reír con su flujo constante de frases mordaces y su chispeante ingenio. Formó equipo con sus hermanos Chico, Zeppo y Harpo, los Hermanos Marx, con quienes actuó durante muchos años. El cuarteto llegó a rodar 13 largometrajes de éxito, entre ellos *Sopa de ganso* y *Una noche en la ópera*. Fuera de cámara, era casi imposible identificar a Groucho sin sus características gafas, sus cejas y su bigote pintados, convertidos en uno de los disfraces más ubicuos y reconocibles del mundo.

APARTE DE UN PERRO, UN LIBRO ES EL MEJOR AMIGO DEL HOMBRE; DENTRO DE UN PERRO, NO HAY LUZ PARA LEER

Outside a dog, a book is man's best friend. Inside a dog, it's too dark to read

El periodista, novelista, ensayista y poeta estadounidense **Christopher Morley** (1890-1957) estudió en el Haverford College y el New College de Oxford antes de trasladarse a Nueva York. Empezó a escribir siendo todavía universitario y publicó más de 100 libros entre recopilaciones de artículos, volúmenes de poesía y novelas, de las cuales *Kittly Foyle* probablemente sea la más conocida. A partir de 1951 sufrió una serie de infartos que redujeron drásticamente su producción literaria. Esta cita está extraída de su novela de 1919 *The Haunted Bookshop*. El título del libro alude a los fantasmas de la gran literatura, que rondan por las bibliotecas y las librerías.

Cuando le vendes
un libro a alguien,
no le estás vendiendo
400 gramos de papel,
tinta y pegamento;
le estás vendiendo una
vida entera nueva

When you sell a man a book, you don't sell him 12 ounces of paper and ink and glue —you sell him a whole new life

Mi piace l'odore di inchiostro da un libro di mattina

ME ENCANTA EL OLOR DE LA TINTA DE UN LIBRO POR LA MAÑANA

El académico italiano **Umberto Eco** (1932-2016) estudió filosofía medieval y literatura, y en los inicios de su carrera llevó a cabo investigaciones de estética y semiótica. Publicó textos académicos de crítica, historia y comunicación que fueron traducidos a varias lenguas. Sin embargo, la obra con la que Eco se convirtió en un fenómeno literario de la noche a la mañana fue *El nombre de la rosa* (1980). Al parecer su apellido es un acrónimo de *ex caelis oblatus* (en latín, "ofrecido desde el cielo"), con el que un funcionario bautizó a su abuelo, un niño expósito. Las estanterías de sus dos residencias contienen más de 50.000 mil volúmenes.

Me alegra que me escriba de vez en cuando.

Hoy en día se recuerda a la autora y aristócrata inglesa lady **Mary Wortley Montagu** (1689-1792) fundamentalmente por sus innumerables cartas, sobre todo por las que envió desde Turquía, donde

I'm glad you'll write. You'll furnish paper when I shite

Usted mandando papel y yo cagando

vivió con su marido, embajador británico. También fue una de las pioneras de la medicina moderna e insistió en que a sus hijos les fuera administrada una pequeña cantidad de viruela, mucho antes de que se normalizara la inoculación preventiva. Lady Mary se educó a sí misma en la biblioteca de su padre. La cita está extraída de un poema que forma parte de un duelo entre Montagu y el escritor inglés Jonathan Swift.

Truman Capote (1924-1984), nacido en Nueva Orleans y bautizado como Truman Streckfus Persons, fue uno de los escritores más destacados del siglo XX. Capote pasó la mayor parte de su infancia al cuidado de unos parientes de su madre en Monroeville, Alabama, donde trabó amistad con Harper Lee, quien también se convertiría en escritora de éxito. A Capote siempre se le dio bien contar historias y entretener a la gente. Su novela *Desayuno en Tiffany's* (1958) fue un éxito inmediato que se adaptó al cine con Audrey Hepburn como protagonista. *A sangre fría*, su obra de no ficción más aclamada, nació de un artículo escrito para *The New Yorker* sobre el asesinato de una familia en una pequeña localidad de Kansas, que investigó junto con Harper Lee. Capote pasó sus últimos años luchando contra su adicción a distintas drogas.

No puedes culpar a un escritor por lo que digan los personajes

You can't blame a writer for what the characters say

Un libro es algo tan privado y

El novelista estadounidense **Chuck Palahniuk** (1962) nació y se crió en Washington. Estudió en la Facultad de Periodismo de la University of Oregon. Al licenciarse empezó a trabajar como periodista y, antes de iniciar su carrera como escritor, lo hizo también como mecánico de motores diésel. En 1999 su padre fue asesinado, junto con la mujer con la que estaba saliendo, por el exmarido de ella. Cuando le pidieron que diera su opinión sobre la condena

A book is as private and consensual as sex

consensuado como el sexo

que debía aplicársele, Palahniuk solicitó la pena capital. Su primera novela fue rechazada al ser considerada demasiado inquietante, lo cual lo animó a desbarrar aún más con la segunda, *El club de la lucha*. La cita está extraída de *Fantasmas* (2005), una novela formada por una serie de historias cortas en torno a desviaciones e identidades sexuales, la homosexualidad, la desesperación, el asesinato y la muerte.

La galardonada escritora inglesa **Jeanette Winterson** (1959) nació en Manchester y fue adoptada por unos miembros de la Iglesia pentecostal. De niña no se la animó a formarse intelectualmente. En su casa no había más que seis libros, entre ellos la Biblia y *La muerte de Arturo*, de Malory, que la hizo aficionarse a la lectura y la escritura. Dentro de su casa no había cuarto de baño, con lo que podía esconderse a leer, a la luz de una linterna, en el excusado del jardín. Alcanzó la fama con su primer libro, *Fruta prohibida*, una novela semiautobiográfica sobre una adolescente que se rebela contra los valores convencionales. En sus siguientes novelas, Winterson ha explorado el conflicto entre géneros, las identidades sexuales y los límites de la imaginación.

Coleccionar libros
es
una obsesión,
una ocupación,
una enfermedad,
una adicción,
una fascinación y
un sino.
No es
un hobby

Book collecting is an obsession, an occupation, a disease, an addiction, a fascination, a fate. It is not a hobby

Escribe algo digno de ser leído, o bien haz algo digno de ser escrito

Benjamin Franklin (1705-1790) siempre estuvo orgulloso de sus orígenes humildes. Polímata, escritor, impresor, pensador político, científico, inventor, estadista y diplomático, fue uno de los padres fundadores de Estados Unidos. Preparó los borradores de la Declaración de Independencia y la Constitución de aquel país y desempeñó un papel fundamental en los inicios de la University of Pennsylvania. Entre sus inventos figuran el pararrayos, las lentes bifocales y la estufa Franklin, que permitió a mucha gente calentar sus hogares. Hacia el final de su vida, Franklin liberó a sus esclavos y se convirtió en uno de los más importantes abolicionistas.

Either write something worth reading or do something worth writing

Al novelista, ensayista y traductor japonés **Haruki Murakami** (1949) se le conoce por su estilo extraño, misterioso y surrealista, considerado poco japonés por el *establishment* literario de su país. Inició su carrera con 29 años, sin haber probado nunca antes suerte en la escritura. Algunas de sus novelas de mayor éxito son *Tokio blues, Crónica del pájaro que da cuerda al mundo* y, más recientemente, *1Q84*. Aprendió inglés por su cuenta mientras estudiaba la secundaria comprando libros de bolsillo en librerías de viejo, y ha traducido al japonés una serie de obras escritas originalmente en ese idioma, de autores como Raymond Carver o J. D. Salinger. Antes de decidirse a probar fortuna como escritor, Murakami quiso convertirse en músico.

¿HAS "VIVIDO" ALGUNA VEZ UN LIBRO?
SI TU RESPUESTA NO ES "SÍ", NO ESTOY SEGURO DE CÓMO DIRIGIRME A TI

EL HECHO DE TENER MUCHÍSIMOS LIBROS NO TIENE QUE VER CON QUERER LEERLOS TODOS,

Nacido en Estados Unidos, **Michael Lipsey** (1941) es un "redactor de epigramas que cumple cadena perpetua como artista". Autor de más de 1.500 epigramas, publica una ilustración diaria en su blog de tumblr y en su cuenta de Twitter,

Having a huge number of books is not exactly about reading them all —it's about having the possibility of reading them all

SINO CON TENER LA POSIBILIDAD DE LEERLOS TODOS

donde utiliza el alias @stoicmike. Es un entusiasta de la filosofía estoica y ha publicado dos colecciones de epigramas. En la actualidad está preparando un libro sobre la historia de la industria de la fontanería, con el título provisional de *Kitchen Sink Confidential.*

Bertolt Brecht (1898-1956) fue un poeta, dramaturgo y director de escena alemán. Nació en el seno de una familia de clase media muy religiosa y fue un lector asiduo de la Biblia, lo que marcó su trayectoria como escritor. Brecht colaboró con el compositor Kurt Weill en las obras *Mahagonny-Songspiel* y *La ópera de los tres centavos*, con las que alcanzó la fama. Sus obras de teatro reflejaban una interpretación marxista de la sociedad. Por ello, sus libros figuraron entre los que se quemaron en Berlín en 1933. Ante la posibilidad de sufrir represalias, Brecht dejó Alemania y siguió escribiendo obras de teatro, algunas tan conocidas como *Madre coraje y sus hijos*.

HAMBRIENTO, ¡COGE EL LIBRO! ES UN ARMA

Hungriger, greif nach dem Buch: es ist eine Waffe

Je hais les livres; ils n'apprennent qu'à parler de ce qu'on ne sait pas

ODIO LOS LIBROS, solo nos instruyen para hablar de asuntos sobre los que no sabemos nada

Jean-Jacques Rousseau (1712-1778) fue un filósofo, escritor y pensador político de origen suizo. Sus tratados y novelas inspiraron a los líderes de la Revolución francesa y a los artistas del Romanticismo. Rousseau llegó a París con 30 años y allí conoció a otro joven que buscaba la fama literaria en la capital francesa; respondía al nombre de Denis Diderot. La principal idea del trabajo de Rousseau apunta a la búsqueda de un camino para mantener la libertad natural del hombre en un mundo en que, para sobrevivir, los seres humanos dependían cada vez más unos de otros. La cita está extraída de *Emilio, o De la educación*, un tratado sobre la naturaleza del hombre y sobre la educación. Rousseau la consideraba su "mejor obra y la más importante".

If you go home with somebody, and they don't have books, don't fuck'em

John Waters (1946) es un director de cine, guionista, escritor, actor, monologuista y periodista estadounidense. De adolescente le obsesionaron la violencia y lo gore, tanto en la vida real como en el cine. Sus primeros proyectos fueron películas transgresoras y excesivas que se proyectaban en el circuito *underground* y enseguida se convirtieron en obras de culto.

Si vas a casa de alguien y ves que no tiene libros, no te lo folles

Con el tiempo, sus trabajos pasaron a ser menos controvertidos y más convencionales. Su película más conocida probablemente sea *Hairspray*. Entre sus influencias puede citarse a directores como Rainer Werner Fassbinder, Federico Fellini e Ingmar Bergman. Según él mismo afirma, la película que le cambió la vida fue *El mago de Oz*.

Wir finden in den Büchern immer nur uns selbst. Komisch, dass dann allemal die Freude groß ist und wir den Autor zum Genie erklären

En los libros no nos encontramos con nada que no seamos nosotros mismos. Curiosamente, eso siempre nos reporta un gran placer, y entonces decimos que el autor es un genio

Thomas Mann (1875-1955) fue un novelista, autor de relatos, crítico social y ensayista alemán cuyas primeras novelas, *Los Buddenbrook*, *La muerte en Venecia* y *La montaña mágica*, le hicieron merecedor del Premio Nobel de Literatura en 1929. Su pensamiento estuvo fuertemente marcado por las ideas de Arthur Schopenhauer, Friedrich Nietzsche y Richard Wagner. Antes de dedicarse a la escritura trabajó como agente de seguros y periodista, se exilió en Suiza tras la llegada de Hitler al poder en 1933. Desde allí se trasladó a Estados Unidos en 1938, a las puertas de la II Guerra Mundial. No deja de ser curioso que fuera Mann quien atrajera la atención de Walt Disney hacia un libro infantil de origen austriaco titulado *Bambi*.

Voltaire (1694-1778) fue un escritor, historiador y filósofo de la Ilustración francesa. Fue un autor prolífico que redactó más de 20.000 cartas y 2.000 libros y panfletos. Voltaire fue un firme defensor de las libertades de credo y de expresión y de la separación entre Iglesia y Estado. Su alias, Voltaire, es un anagrama de "AROVET LI", la versión latinizada de su apellido seguida de las iniciales de *le jeune* ("el joven"). La cita está extraída de su *Diccionario filosófico* (1764), en concreto, de la entrada sobre la libertad de prensa.

Leamos y bailemos: estas dos formas de entretenimiento jamás han hecho mal alguno al mundo

Laissez lire, et laissez danser: ces deux amusements ne feront jamais de mal au monde

Si os dan papel pautado,

escribid por el otro lado

Juan Ramón Jiménez (1881-1958) fue un prolífico poeta español galardonado con el Premio Nobel de Literatura en 1956. En su obra más conocida, *Platero y yo* —una obra de prosa poética en torno a la relación de un hombre con su burro— retrata su Andalucía natal. Empezó a escribir poesía siendo niño y se matriculó en la Universidad de Sevilla para estudiar Derecho, pero se negó a ejercer como abogado. Publicó sus dos primeros libros de poesía con solo 18 años. La muerte de su padre le ocasionó la primera de las múltiples depresiones con las que tendría que lidiar a lo largo de su vida. Esta cita fue reproducida como epígrafe en la novela de Ray Bradbury *Fahrenheit 451*.

Sydney Smith (1771-1845) fue un ingenioso escritor y clérigo anglicano inglés. Después de licenciarse en letras en el New College de Oxford, decidió hacerse cura aun reconociendo que habría preferido estudiar leyes. Después de vivir una temporada en Edimburgo se trasladó a Londres, donde no tardó en darse a conocer como predicador. W. H. Auden lo consideraba una de las grandes firmas polemistas, junto a Jonathan Swift.

No hay
mobiliario
más encantador
que los libros,
aunque no
los abras
nunca
ni leas
una sola
palabra

No furniture is so charming as books, even if you never open them or read a single word

Lee primero los mejores libros,

Henry David Thoreau (1817-1862) fue un escritor, poeta, filósofo, historiador y pensador trascendentalista y abolicionista estadounidense. Estudió en el Harvard College y en la década de 1840 empezó a escribir poemas inspirados en la naturaleza, influenciado por su amigo el poeta Ralph Waldo Emerson. Su obra más conocida es *Walden*, una reflexión sobre la vida sencilla en un entorno natural. También gracias a Emerson entró en contacto con el trascendentalismo, una escuela de pensamiento que subrayaba la importancia del razonamiento empírico y de las cuestiones espirituales frente a lo físico. La cita está extraída de *Una semana en los ríos Concord y Merrimack.*

tal vez no
tengas otra
oportunidad
de leerlos

Read the best books first, or you may not have the chance to read them at all

Lesen heißt mit einem fremden Kopfe, statt des eigenen, denken

Arthur Schopenhauer

(1788-1860) fue un filósofo alemán. Su obra se distingue de la de otros filósofos idealistas alemanes por el estilo de su prosa, clara y elegante. A diferencia de Hegel y Kant, Schopenhauer creía que a los humanos nos conducen los instintos impulsivos o la "voluntad

Leer significa pensar con la cabeza de otro en lugar de con la propia

de vivir", en la que lo basa todo. La originalidad de su filosofía radica en que para él esta voluntad está exenta de todo raciocinio o filtro mental. Sus ideas inspiraron a diversos pensadores importantes, como Sigmund Freud, Ludwig Wittgenstein y Friedrich Nietzsche.

Tantos libros,

So many books, so little time

tan poco tiempo

Frank Zappa (1940-1993) fue un aclamado músico, compositor y productor musical y cinematográfico. A lo largo de su carrera, que abarcó tres décadas, Zappa compuso trabajos de rock y jazz y también para orquesta. Asimismo, dirigió varias películas y videos musicales. Fue un intérprete y compositor autodidacta y a menudo sus proyectos fueron difíciles de clasificar. Publicó más de 70 álbumes, con el grupo The Mothers of Invention y también en solitario.

Ein Buch muß die Axt sein für das gefrorene Meer in uns

Franz Kafka (1883-1924) fue un escritor de novelas y relatos en lengua alemana. Considerado universalmente como uno de los autores más influyentes del siglo XX, fue fuente de inspiración para creadores como Albert Camus, Jean-Paul Sartre y Gabriel García Márquez. Tras concluir su formación en leyes, Kafka empezó a trabajar para una compañía de seguros. En sus ratos libres se dedicaba a escribir relatos. Con el tiempo se dio cuenta de que esta era su verdadera vocación y durante el resto de su vida lamentó tener que dedicar tanto

UN LIBRO
DEBE SER
EL HACHA
QUE ROMPA
EL MAR
HELADO
QUE LLEVAMOS
DENTRO

tiempo a su trabajo. Solo unas pocas de sus obras se publicaron en vida del autor. Sus obras más conocidas, *El proceso*, *El castillo* y *La metamorfosis*, vieron la luz póstumamente gracias a la mediación de Max Brod, quien ignoró los deseos de Kafka de destruir todos sus manuscritos.

A book you finish reading is not the same book it was before you read it

Cuando lo terminas, un libro no es el mismo de antes de leerlo

David Mitchell (1969) es un novelista inglés, autor de novelas como *El atlas de las nubes* y *Relojes de hueso*. Considerado por muchos como el mejor escritor de su generación, resulta irónico que no hablara hasta pasados los cinco años de edad, o que de adolescente fuera tartamudo. Tras cursar estudios en la University of Kent, Mitchell se fue a vivir a Hiroshima, Japón, donde durante ocho años dio clases de inglés a estudiantes de carreras técnicas. Dos de sus libros han sido preseleccionados para el premio Man Booker, y una vez publicó un relato en Twitter. En 2007, Mitchell fue el único escritor en la lista de *Time* de las 100 personas más influyentes del mundo.

Henry Ward Beecher

(1813-1887) fue un clérigo, orador y reformista social estadounidense, conocido por su defensa de la abolición de la esclavitud. Se hizo famoso por su novedoso estilo como orador, pues combinaba el humor, distintos dialectos y el argot. Como predicador, desarrolló una teología que hacía destacar el amor divino por encima de todas las cosas. En la antesala de la guerra de Secesión, se interesó por las reformas sociales y recaudó fondos para hacerles llegar rifles a los abolicionistas. También defendió otras causas como el sufragio femenino y la abstinencia. La cita está extraída de *Star Papers, or Experiences of Art and Nature.*

¿Dónde es la

NATURALEZA HUMANA

más débil
que en una

LIBRERÍA

?

Where is human nature so weak as in a book store?

Insomma, si dice classico quel libro che non ha mai finito di dire quel che ha da dire

En resumen, se llama clásico a aquel libro que no ha acabado de decir lo que tiene que decir

El periodista y autor de novelas y relatos italiano **Italo Calvino** (1923-1985) nació en Cuba pero fue criado en una pequeña granja en San Remo, Italia. Los extensos bosques y la vegetación que rodeaban la granja aparecen constantemente en su obra temprana. En un primer momento, Calvino inició estudios como agrónomo para contentar a su familia, a la que ocultó sus aspiraciones literarias. Durante la II Guerra Mundial, luchó junto a los partisanos en la contienda civil que siguió a la caída de Mussolini. Tras la guerra se matriculó en la Facultad de Letras. Aunque sus primeras obras de ficción eran todas de estilo muy realista, el libro que marcó su reputación fue una encantadora fantasía titulada *El barón rampante*. La cita está extraída de sus artículos sobre literatura clásica.

Evelyn Waugh (1903-1966) fue un autor inglés de novelas, biografías y libros de viajes, además de articulista. Tras completar sus estudios en el Hertford College de Oxford probó suerte en casi todo, desde la enseñanza hasta la carpintería. Finalmente se animó con la escritura en 1928, y su primera novela, *Decadencia y caída*, basada en sus experiencias como maestro de escuela, fue un éxito. Su siguiente libro fue *Cuerpos viles*, una sátira que se hizo muy famosa y confirmó su talento como escritor. Sus obras más conocidas seguramente sean *Un puñado de polvo* y *Retorno a Brideshead*, una visión de la Inglaterra de la época de entreguerras que cosechó éxitos a ambas orillas del Atlántico. Muchos consideran a Waugh uno de los más excelsos prosistas del siglo XX.

Cualquiera
puede escribir una novela en seis semanas con lápiz y papel, y sin teléfono ni esposa

Anyone can write a novel given six weeks, pen, paper and no telephone or wife

Hay más tesoros en los libros

There is more treasure in books than in all the pirates' loot on Treasure Island

Walt Disney (1901-1966) es conocido mundialmente por su extenso legado de cortos y largometrajes de animación, así como por la empresa, los parques temáticos y los estudios que llevan su nombre. Se lo considera un icono por su contribución

que en todos los **cofres** de los **piratas** de *La isla del tesoro*

a la cultura popular del siglo XX. Él y su equipo crearon multitud de personajes de dibujos animados que se contaron entre los favoritos del público, como Mickey Mouse —al que puso voz—, el pato Donald y Goofy.

Bücher und Dirnen tragen ihren Zank vor die Leute

Los libros y las prostitutas dirimen sus disputas en público

Nacido en Berlín, **Walter Benjamin** (1892-1940) fue un filósofo y crítico literario alemán. Pensador ecléctico, las ideas de Benjamin influyeron en las teorías estéticas y el marxismo occidental. Entre sus mejores trabajos se encuentran sus ensayos sobre Goethe, Franz Kafka, Marcel Proust y Charles Baudelaire. Benjamin se adscribió parcialmente al marxismo en la década de 1930, bajo la influencia de Bertolt Brecht. La cita está extraída de *Calle de dirección única*, una novela con observaciones aforísticas de la vida urbana en la República de Weimar.

A **Stephen Fry** (1957) se le conoce por su trabajo como cómico, novelista, figura televisiva y cineasta. Sin embargo, sus logros se extienden mucho más allá de estos ámbitos y se le considera todo un hombre del Renacimiento contemporáneo. Fry inició su carrera en la televisión, como integrante del dúo Fry and Laurie, junto a Hugh Laurie (el protagonista de *House*). Fueron célebres su participación en *La víbora negra* y su interpretación de Oscar Wilde en *Wilde*, que le valió una nominación a los Globos de Oro. Ha escrito varias novelas y escrito sus memorias. Fry también es el presentador del concurso *QI*. Es un tecnófilo declarado, tiene un tremendo dominio del lenguaje y es un avezado usuario de Twitter.

Los libros
no se encuentran más
amenazados por el Kindle que
las escaleras por los
ascensores

Books are not more threatened by Kindle than stairs by elevators

Las librerías son

Jen Campbell (1987) creció en un pequeño pueblo costero del Reino Unido. Tras estudiar literatura inglesa en la Edimburgh University, se trasladó al norte de Londres, donde se dedicó a vender libros y a escribir historias. Trabaja a tiempo parcial en una librería especializada en libros antiguos y es la autora de la serie de *bestsellers Cosas raras que se oyen en las librerías*, cuyo primer título fue publicado en 2012. Asimismo, es poeta y escritora de relatos y ha recibido distintos galardones por su obra. La cita está extraída de *The Bookshop Book*.

máquinas del tiempo,
naves espaciales,
fábricas de historias,
cofres de secretos,
domadoras de dragones,
atrapasueños,
localizadoras de datos
y refugios

Bookshops are time machines, spaceships, story-makers, secret-keepers, dragon-tamers, dream-catchers, fact-finders & safe places

Soy escritor; por tanto

I am a writer. Therefore, I am not sane

no estoy cuerdo

Edgar Allen Poe (1809-1849) fue un escritor, poeta, editor y crítico literario estadounidense. Se lo considera parte del movimiento romántico americano. Fue uno de los primeros cuentistas de su país y muchos opinan que inventó el género de las novelas de detectives. Fue el primer estadounidense de renombre que trató de vivir exclusivamente de la escritura. *El cuervo* es sin lugar a dudas su poema más legendario y uno de los más conocidos de todos los tiempos, aunque por mucho que hiciera aumentar su popularidad, no le reportó demasiados ingresos. Poe murió por causas desconocidas a los 40 años de edad.

Si sabes sacarles
las palabras
como rayos x

Las lees y te

El escritor y filósofo inglés **Aldous Huxley** (1894-1963) fue uno de los intelectuales más importantes de su época. Interesado en cuestiones relacionadas con la espiritualidad, como el misticismo y la parapsicología, escribió numerosos trabajos de no ficción, tales como *Las puertas de la percepción*, donde relata su propia

Words can be like x-rays if you use them properly —they'll go through anything. You read and you're pierced

partido, pueden ser o traspasan todo. atraviesan

experiencia con las drogas psicodélicas. La cita está extraída de un clásico de la ciencia ficción: *Un mundo feliz* (1931), cuya trama transcurre en el año 2540, en una sociedad distópica marcada por los avances en las técnicas reproductivas y en la manipulación y el condicionamiento psicológico.

No two persons ever read the same book

Edmund Wilson (1895-1972) fue un escritor, periodista y crítico estadounidense. Entre 1920 y 1921 fue editor jefe de la revista *Vanity Fair*, y más tarde pasó a trabajar como director adjunto de *The New Republic*. Era un ávido lector y probablemente se le recuerde especialmente por sus

DOS PERSONAS DIFERENTES JAMÁS PODRÁN LEER EL MISMO LIBRO

críticas literarias publicadas en *The New Yorker* y *The New York Review of Books*. Por ellas, en su país aún hoy se le sigue considerando uno de los más importantes hombres de letras a la antigua usanza.

Siempre
imaginé
que el
Paraíso

sería algún tipo de biblioteca

Jorge Luis Borges (1899-1986) fue un poeta y escritor argentino, creador de hermosísimas fantasías literarias. Trabajó como director de la Biblioteca Nacional de su país y también fue profesor de Literatura en la Universidad de Buenos Aires. Está considerado uno de los escritores fundamentales del siglo XX. En 1961, su obra atrajo la atención internacional al ser galardonado con el Premio Formentor, concedido por editores de varios países. Sus relatos han sido traducidos y publicados en todo el mundo. La cita está extraída del conmovedor *Poema de los dones*, en el que Borges esboza la imagen de una biblioteca —la de su padre, las que dirigió él mismo— de la que él es el invidente custodio.

You don't have to burn books to destroy a culture, just get people to stop reading them

Ray Bradbury (1920-2012) fue un escritor estadounidense de ciencia ficción, literatura de terror y fantástica. Sus obras más conocidas son las novelas *Fahrenheit 451*, un estudio distópico de una sociedad norteamericana futura, *Crónicas marcianas* y *La feria de las tinieblas*. Varios de sus relatos y novelas fueron adaptados al cine y la televisión, y él mismo se encargó de preparar distintos guiones y tratamientos cinematográficos. En 2004 fue galardonado con el Premio Pulitzer. Estaba especialmente orgulloso de haber sido nombrado "consultor de ideas" para el pabellón de Estados Unidos en la Exposición Universal de Nueva York de 1964.

No hace
falta
quemar libros
para destruir
una cultura,
basta con
impedir
que la
gente
los lea

Esta afirmación se atribuye a **Ernest Hemingway** (1899-1961), periodista estadounidense y aclamadísimo autor de clásicos del género novelístico como *Por quién doblan las campanas* o *El viejo y el mar*. En 1953 se le concedió el Premio Pulitzer y un año después, el Premio Nobel. Su estilo conciso y sencillo mostraba la influencia de su trabajo como periodista, pues fue corresponsal de guerra en Europa. Hemingway escribió sus novelas más célebres entre las dos contiendas mundiales. Por su papel como exponente de la sensibilidad y los problemas de su tiempo, se le considera la principal figura de la llamada "generación perdida". Vivió una existencia turbulenta y acabó suicidándose en 1961.

ESCRIBE BORRACHO, CORRIGE SOBRIO

Write drunk, edit sober

La lecture est le miracle fécond de communication au milieu de la solitude

Marcel Proust (1871-1922) fue un novelista y crítico francés cuyo nombre siempre será asociado a la serie autobiográfica *En busca del tiempo perdido*, que consta de siete volúmenes, 12 libros, 3.000 mil páginas y un millón de palabras. La redacción de esta monumental obra le llevó a su autor 13 años. Este clásico literario relata la historia vital del propio Proust y funciona como una búsqueda alegórica de la verdad. Trata, entre muchas otras cosas, del valor de la memoria y la naturaleza del arte. El "episodio de la magdalena", en el que el protagonista sumerge una magdalena en su taza de té y con ello conjura toda una serie de recuerdos involuntarios de su juventud, probablemente sea el fragmento más conocido de la novela.

LA LECTURA ES ESE FECUNDO MILAGRO DE COMUNICACIÓN EN MEDIO DE LA SOLEDAD

In a word, literature is my utopia

Helen Keller (1880-1968) perdió la vista y el oído a los 19 meses de edad. Gracias a la mediación de Alexander Graham Bell, su familia contrató a una instructora, Anne Sullivan, quien también tenía una discapacidad visual. Sullivan fue capaz de acabar con el aislamiento de Keller y le enseñó a comunicarse con el mundo que la rodeaba. Con el

DICHO EN UNA PALABRA, LA LITERATURA ES MI UTOPÍA

tiempo, se convirtió en la primera persona sorda y ciega en obtener una licenciatura en Humanidades. Keller se convirtió en conferenciante y escritora de fama mundial y se la recuerda especialmente como defensora de las personas con discapacidad, del sufragio femenino y de la paz. La cita está extraída de su autobiografía *La historia de mi vida*.

A literatura é a maneira mais agradável de ignorar a vida

LA LITERATURA ES LA MANERA MÁS AGRADABLE DE IGNORAR LA VIDA

Considerado una de las principales figuras literarias del siglo XX, **Fernando Pessoa** (1888-1935) fue un poeta, crítico literario, traductor, editor y filósofo portugués. Tras la muerte de su padre, cuando él tenía cinco años, su familia se trasladó a la localidad sudafricana de Durban con el segundo marido de su madre. Allí fue matriculado en un colegio inglés, donde aprendió a escribir y a hablar con fluidez ese idioma. Tras su regreso definitivo a Lisboa en 1905, estudió durante un tiempo breve en la universidad, y enseguida empezó a trabajar como traductor comercial. Pessoa publicó prosa, crítica y poesía, tanto en portugués como en inglés, bajo varios seudónimos. Su obra solo fue publicada en condiciones y gozó de verdadera aceptación de forma póstuma. La cita está extraída de su *Libro del desasosiego*.

Puisque nous ne pouvons pas nous taire, il faut faire du silence avec le langage

Como no podemos permanecer callados, tenemos que hacer el silencio con el lenguaje

En 1964, y de manera muy sonada, el escritor, intelectual, filósofo y activista político **Jean-Paul Sartre** (1905-1980) rechazó el Premio Nobel de Literatura, arguyendo que "un escritor no debería permitir que lo conviertan en una institución". Para entonces ya era una de las figuras fundamentales de la filosofía existencialista y la fenomenología. Sartre se licenció en la École Normale Supérieur de París, donde conoció a la que sería su compañera durante toda su vida, la filósofa feminista Simone de Beauvoir. En la II Guerra Mundial, poco después de ser llamado a filas por el ejército francés, fue apresado durante un breve tiempo por los alemanes. Escribió una serie de libros inspirados en su experiencia bélica, entre ellos *El ser y la nada* y *A puerta cerrada*, que lo convirtieron en una pluma indispensable. Tras la guerra se convirtió en un influyente activista político. La cita está extraída de su ensayo *Orfeo negro*, sobre la filosofía de la negritud.

Los mejores libros son los que te

George Orwell (1903-1950) fue un novelista, ensayista, periodista y crítico británico. Fue un niño enfermizo y solitario y tenía la costumbre de "inventarse historias y conversaciones con seres imaginarios". Distintas enfermedades minaron su salud a lo largo de toda su vida. Después de estudiar en Eton, trabajó como policía del Imperio británico en Burma, pero a los cinco años regresó a Inglaterra con el objetivo de convertirse en escritor. En 1936 viajó a España para luchar contra Franco en la guerra civil y fue herido de gravedad. Sus dos obras más conocidas son *Rebelión en la granja* y *1984*, de la que se extrae la cita.

cuentan lo que ya sabías

The best books are the ones that tell you what you already know

I suggest that the only books that influence us are those for which we are ready, and which have gone a little further down our particular path than we have yet gone ourselves

Sostengo que los únicos libros que llegan a marcarnos son aquellos para los que estamos preparados, y que han avanzado un trecho más por nuestro propio camino de lo que lo hemos hecho nosotros

E. M. Forster (1879-1970) fue un novelista, ensayista y crítico literario y social inglés. Tras estudiar en el King's College de Cambridge, Forster decidió dedicar su vida a la escritura. Le debe casi toda su fama a sus novelas *Una habitación con vistas*, *La mansión* y *Pasaje a la India*, en las que examinó las diferencias de clase y la hipocresía de la sociedad británica de principios del siglo XX. La cita está extraída de su colección de ensayos *Two Cheers for Democracy*.

Sir **Francis Bacon**, vizconde de Saint Alban (1561-1626), fue un filósofo del Renacimiento inglés, estadista, orador, escritor y ensayista. Fue procurador general y lord canciller de Inglaterra. Se le conoce por su defensa del empirismo y el método científico, piedra de toque del desarrollo moderno de la investigación científica.

Algunos libros hay que

SABOREARLOS,

otros hay que

DEVORARLOS,

pero SOLO ALGUNOS *deben*

ser completamente

rumiados

y

DIGERIDOS

Some books should be tasted, some devoured, but only a few should be chewed and digested thoroughly

Leer buenos libros es como entablar una conversación con las mentes más honestas de los siglos pasados

Aunque el filósofo, matemático y científico francés **René Descartes** (1596-1650) obtuvo una titulación en leyes, abandonó los estudios antes de tiempo y pasó el resto de su juventud viajando. Llegó a incorporarse a los ejércitos holandés y bávaro. Aseguraba que, estando destacado en Alemania, tuvo tres visiones que determinaron el curso de lo que le quedaba de vida. Partiendo de la certeza fundamental de que "existo", Descartes desarrolló su famoso enunciado "Pienso, luego existo". A partir de entonces se propuso entender el mundo natural a través de un enfoque racional. Se le considera el padre de la filosofía moderna.

La lecture des bons livres est comme une conversation avec les plus honnêtes gens des siècles passés

El ensayista, orador y poeta estadounidense **Ralph Waldo Emerson** (1803-1882) estudió en la Harvard University y más tarde se convirtió en pastor unitarista. Después de que su mujer muriera de tuberculosis, decidió colgar los hábitos. Viajó a Europa, donde conoció a distintas figuras literarias, como Samuel Taylor Coleridge y William Wordsworth. A su regreso a Estados Unidos empezó a dar discursos sobre la naturaleza individual de la espiritualidad, lo que le llevó a la publicar una colección de ensayos. En concreto, con *Naturaleza* explicó la filosofía del trascendentalismo, desarrollada por él mismo. Tuvo una enorme influencia sobre la obra de Henry David Thoreau, Walt Whitman y muchos otros autores.

Hay que
ser inventor
para leer bien.
Del mismo
modo que
hay una
escritura creativa,
también existe
una lectura creativa

One must be an inventor to read well. There is then creative reading
as well as creative writing

The world is a hellish place and bad writing is destroying the quality of our suffering

El músico y compositor estadounidense **Tom Waits** (1949) aprendió a tocar el piano y la guitarra en la escuela. Sus primeras influencias musicales fueron variadas: Leadbelly, Bob Dylan, Ray Charles y Frank Sinatra. Grabó su primer disco en 1973. Alguien describió su característico sonido como una voz que hubiesen

El mundo es un lugar infernal y la mala literatura está minando la calidad de nuestro sufrimiento

"empapado en una cuba de *bourbon*, ahumado unos cuantos meses y después sacado a la calle para que la atropellara un coche". Se le considera un músico de músicos y sus seguidores son especialmente leales. Su música combina de forma libre y muy personal viejas tonadas de vodevil, blues, jazz y pop.

There is more to life than books, you know, but not much more

EN LA VIDA HAY OTRAS COSAS APARTE DE LOS LIBROS, PERO NO MUCHAS

Stephen Patrick **Morrissey** (1949) alcanzó la fama en la década de 1980 como cofundador y líder taciturno y lenguaraz del grupo de rock británico The Smiths. La cita está extraída de la canción *Handsome Devil*. Morrissey descubrió pronto la poesía y la escritura, y ambas le han ayudado a lidiar con las tendencias depresivas que ha padecido a lo largo de toda su vida. Es un ferviente admirador de Oscar Wilde, y la música pop le procuró una vía de escape de su "tediosa" existencia en la ciudad de Manchester.

El escritor, cantante, compositor, dramaturgo y apasionado del jazz **Boris Vian** (1920-1959) fue una figura legendaria de la escena musical y literaria parisina tras la II Guerra Mundial. De niño tenía una constitución tan frágil que hubo que educarlo en casa y sufrió sus primeros problemas cardiacos con 12 años. A una edad muy temprana, aprendió por su cuenta a leer y a escribir, y pronto desarrolló su pasión por la literatura y la lengua francesa. La música también desempeñó un papel esencial en su vida, no en vano fue un virtuoso trompetista de jazz. En 1943 publicó su primer poema y después varias novelas, entre ellas *La espuma de los días*, de la que se extrae la cita. Murió muy joven de un repentino ataque al corazón.

ESTA HISTORIA ES COMPLETAMENTE REAL PORQUE YO ME LA HE INVENTADO

Cette histoire est entièrement vraie puisque je l'ai inventée

To acquire the habit of reading is to construct for yourself a refuge from almost all the miseries of life

ADQUIRIR EL HÁBITO DE LA LECTURA ES CONSTRUIRSE UN REFUGIO FRENTE A CASI TODAS LAS MISERIAS DE LA VIDA

El dramaturgo, novelista y cuentista inglés **William Somerset Maugham** (1874-1965) perdió a sus padres cuando solo tenía diez años. En lugar de estudiar Derecho, como todos los hombres de su familia, decidió estudiar Medicina. A Maugham le apasionaba la escritura, que practicó desde los 15 años, y siempre quiso convertirse en escritor. Trasladó a la literatura sus experiencias como médico en su primera novela, *Liza de Lambert*, que se agotó a las pocas semanas de ser publicada. *Servidumbre humana*, una historia con muchos elementos autobiográficos, suele considerarse su obra maestra. La cita está extraída de *Books and You*, que trata sobre el perdurable placer de la lectura.

Prolífico poeta, novelista y dramaturgo, a **Victor Hugo** (1802-1885) se le considera uno de los más grandes escritores franceses de la historia. Aunque estudió Derecho, su madre lo animó a labrarse una carrera como escritor. Fundó una publicación en la que dio a conocer sus poemas y los de sus amigos. Entre sus obras figuran *Nôtre-Dame de París* y *Los miserables*, de la que se extrae la cita. Esta novela legendaria la empezó a escribir después de que su hija muriera ahogada, y que enseguida fue un éxito tanto en Europa como en Estados Unidos. Ciento cincuenta años después de su publicación fue adaptada al cine y también como un musical que ha cosechado numerosos premios.

Aprender a leer es encender un fuego, cada sílaba que se deletrea es una chispa

Apprendre à lire, c'est allumer du feu; toute syllabe épelée étincelle

Warren Zevon (1947-2003) fue un músico, cantante y compositor estadounidense. Durante un breve tiempo estudió música clásica contemporánea con Ígor Stravinski, y siendo todavía adolescente estuvo de gira con los Everly Brothers como teclista. También fue líder de un grupo al terminar el instituto. Entre sus composiciones más conocidas figuran "Werewolves of London", "Roland The Headless Thompson Gunner" y "Lawyers, Guns and Money", todas extraídas de su tercer álbum, *Excitable Boy*.

COMPRAMOS
LIBROS
PORQUE
CREEMOS
QUE TAMBIÉN
ESTAMOS
COMPRANDO
EL TIEMPO
PARA LEERLOS

We buy books because we believe we're also buying the time to read them

We can destroy what we have written, but we cannot unwrite it

Anthony Burgess (1917-1993) fue un escritor y compositor inglés. Tanto su madre como su hermana murieron durante la pandemia de gripe de 1918. Burgess vivió una infancia solitaria y aprendió a leer por su cuenta. Al escuchar el *Preludio a la siesta de un fauno*, de Claude Debussy, decidió que quería convertirse en compositor. Sin embargo, no fue admitido en el Departamento de Música de la University of Manchester debido a sus bajas calificaciones en Física, así que finalmente decidió estudiar Filología Inglesa y Literatura. A Burgess se le conoce sobre todo por su novela distópica *La naranja mecánica*, de la que se extrae la cita. El libro fue adaptado al cine en una película muy polémica dirigida por Stanley Kubrick, quien según Burgess fue en gran medida la persona responsable del éxito de la novela.

PODEMOS DESTRUIR LO QUE HEMOS ESCRITO, PERO NÓ PODEMOS DESESCRI-BIRLO

VISTE UN ABRIGO VIEJO Y COMPRA UN LIBRO NUEVO

Austin Phelps (1820-1890) fue un pedagogo y pastor congregacionalista. Siguió los pasos de su padre, que también era sacerdote, y estudió teología en la Yale Divinity School y en Andover. Escribió varios libros sobre la predicación y la oratoria que se convirtieron en manuales lectivos de uso común. Su obra *The Still Hour*, una recopilación de sermones sobre la oración, es un clásico en su género y sigue editándose hoy en día.

Heinrich Heine (1791-1856) fue un poeta, periodista, ensayista y crítico literario alemán. Se le considera el último poeta del Romanticismo. De origen judío, aprendió francés en los colegios católicos en los que estuvo matriculado. Estudió Derecho y se convirtió al protestantismo con la esperanza de obtener un cargo como funcionario al licenciarse. Durante sus años universitarios se dedicó también a la literatura, la poesía y la historia. Sentía fascinación por una prima suya, quien le sirvió de inspiración para sus primeros poemas líricos, reunidos en *El libro de las canciones*. Muchos de estos poemas fueron musicalizados en forma de *lieder* por compositores como Robert Schumann y Franz Schubert. La cita está extraída de su tragedia *Almanzor*.

Esto es tan solo un preliminar: allí donde

QUEMEN LIBROS,

acabarán quemando a seres humanos

Das war ein Vorspiel nur, dort wo man Bücher verbrennt, verbrennt man auch am Ende Menschen.

Sin palabras, sin escritura y sin libros

Ohne Worte, Ohne Schrift und Bücher gibt es keine Geschichte, gibt es nicht den Begriff der Menschheit.

no hay historia, no existe el concepto de humanidad

Hermann Hesse (1877-1962) fue un novelista y poeta alemán galardonado con el Premio Nobel de Literatura. Nació en el seno de una familia de misioneros protestantes y le costó adaptarse a la escuela. Por ello, fue enviado como aprendiz a una fábrica de relojes y a una librería. Siguió trabajando como vendedor de libros antes de convertirse en escritor. Una de sus obras más conocidas es *Siddhartha*, una novela poética que trata sobre la búsqueda de la iluminación y está ambientada en la India en tiempos de Buda.

One kind of good book should leave you asking: how did the author know that about me?

Alain de Botton (1969) se trasladó a los ocho años de Suiza a Inglaterra con su familia. Se matriculó en la Cambridge University, donde estudió Historia. Es colaborador habitual en diversos medios escritos. Sus libros

HAY UNA CLASE DE LIBROS ESTUPENDOS QUE DEBERÍAN DEJARNOS PENSANDO: ¿CÓMO SABÍA EL AUTOR ESO DE MÍ?

y programas de televisión tratan distintos temas contemporáneos, entre ellos la relevancia de la filosofía en la vida cotidiana. Es fundador de una nueva institución educativa, la School of Life.

Reading one book is like eating one potato chip

LEER SOLO UN LIBRO

Diane Duane (1952) es una autora estadounidense de ciencia ficción y literatura fantástica. Aunque en un principio quiso estudiar Astrofísica, se decantó por la Enfermería debido a que el cálculo y las matemáticas avanzadas le resultaban muy difíciles.

ES COMO COMERSE UNA SOLA PATATA FRITA

Desde niña encontró placer en la escritura y a los ocho años de edad ya redactó su primera novela, ilustrada con ceras de colores. Su primer libro de ciencia ficción, *The Door into Fire*, fue publicada en 1979. Desde entonces ha publicado más de 50 novelas, numerosos relatos y también cómics y juegos de ordenador. La cita está extraída de su libro *So You Want to Be a Wizard.*

Think before you speak, read before you think

Piensa antes de hablar,

Después de ser expulsada del instituto, **Fran Lebowitz** (1950) trabajó haciendo de todo hasta que Andy Warhol la contrató como columnista de la revista *Interview*. Tras una temporada en la revista *Mademoiselle*, se convirtió en escritora a tiempo completo y en 1978 publicó *Vida metropolitana*. Es muy conocido el retraso que lleva

Lee antes de pensar

acumulado en la entrega del libro *Exterior Signs of Wealth*, que aún no ha terminado; incluso ha explicado abiertamente su bloqueo creativo en distintas ocasiones, por ejemplo en una entrevista con David Letterman. La cita está extraída de una colección de artículos que forma parte de *The Fran Lebowitz Reader*.

Lo único que de verdad debes saber es

The only thing that you absolutely have to know, is the location of the library

la dirección de la biblioteca

El físico teórico de origen alemán **Albert Einstein** (1879-1955) nació en el seno de una familia judía. Aunque detestaba la rigidez de la escuela primaria, su juventud estuvo marcada por una profunda curiosidad y por el afán investigador. Fue admitido en la ETH de Zúrich gracias a las excelentes calificaciones que obtuvo en física y matemáticas en la prueba de acceso. Al acabar los estudios comenzó a trabajar en la oficina de patentes suiza, donde desarrolló sus teoremas, así como el principio de la relatividad. Por él obtendría el Premio Nobel de Física en 1921. En 1933, cuando Hitler conquistó el poder en Alemania, él se encontraba de viaje en Estados Unidos. En aquel momento se le ofreció un puesto como profesor en la Princeton University y decidió no regresar a su país.

Rainer Maria Rilke (1875-1926) fue un poeta y novelista nacido en el Imperio austrohúngaro, que escribió versos y prosa lírica. Sus viajes por toda Europa fueron una fuente de inspiración para sus poemas. Aunque a Rilke se le conoce sobre todo por su contribución a la literatura germana, escribió más de 400 poemas en francés dedicados al cantón suizo de Valais. Entre sus obras más conocidas están *Las elegías de Duino* y *Los cuadernos de Malte Laurids Brigge*, libro del que se extrae esta cita y que escribió en París mientras trabajaba como secretario del escultor Auguste Rodin. Rilke padeció problemas de salud a lo largo de toda su vida y murió de leucemia a los 51 años.

AH, QUÉ BIEN SIENTA RODEARSE DE GENTE QUE ESTÁ LEYENDO

Ach, wie gut ist es doch, unter lesenden Menschen zu sein

Thomas Wharton (1963) es un novelista canadiense. Tras cambiar de lugar de residencia siendo adolescente, tuvo que adaptarse al aislamiento de la nueva ciudad y en esa época se hizo lector asiduo de novelas de aventuras y fantasía y se dedicó a dibujar cómics. En un principio pensó en ganarse la vida como ilustrador, pero luego estudió Ciencias Biológicas. Un verano, después de leer el *Ulises*, decidió que su vocación iba a ser la escritura. Su proyecto de máster fue su primera novela, *Icefields*, premiada con varios galardones, como ocurrió también con la segunda, *Salamander*, que obtuvo un éxito rotundo de la crítica.

Cada hora
que uno
pasa
LEYENDO
es una
hora
robada al
PARAÍSO

An hour spent reading is one stolen from Paradise

Voy a leer mis libros, a beber café y

J. D. Salinger (1919-2010) pasó su juventud de colegio privado en colegio privado. Estuvo matriculado en varias universidades pero no acabó los estudios en ninguna. En la Columbia University realizó un curso de escritura creativa, en el que destacó. En 1940 publicó su primer relato y siguió escribiendo después de alistarse en el ejército estadounidense. Gran parte de su obra fue publicada en la revista *The New Yorker*.
En 1951 Salinger publicó su única novela completa, *El guardián entre el centeno*, que fue un éxito de ventas. La crítica acogió su obra posterior con hostilidad, lo cual lo animó a retirarse por completo de la sociedad. Paradójicamente, esta decisión provocó que se hiciera todavía más famoso.
La cita está extraída de *Un chico en Francia*, uno de sus relatos ambientados en la guerra.

a escuchar
música con
el pestillo
de la puerta
echado

I'll read my books and I'll drink coffee and I'll listen to music, and I'll bolt the door

Lee.viaja.lee aprende.lee.

Theodor Seuss Geissel —más conocido como el **Dr. Seuss** (1904-1991)— adoptó su seudónimo después de que lo sorprendieran incumpliendo la Ley Seca en el Dartmouth College. Como castigo, lo despidieron del puesto de editor de la revista satírica de la universidad y, para poder seguir publicando sus viñetas, no le quedó otro remedio que hacerlo con un alias. Se había propuesto doctorarse en Literatura inglesa en Oxford, donde

Read.travel.read.ask.read.learn.read.connect.read

pregunta.lee.
onecta.lee

estudió la obra de Jonathan Siwft, pero su mujer lo convenció de que se hiciera historietista. Empezó trabajando en el mundo de la publicidad. Durante las tres décadas siguientes creó numerosas campañas de éxito. Aunque nunca tuvo hijos, el Dr. Seuss fue autor de varios libros infantiles que alcanzaron la consideración de clásicos, tales como *El gato con sombrero*, *Horton escucha a Quién!* y *Huevos verdes con jamón*.

Woke up this morning with the terrific urge to lie in bed all day, and read

Raymond Carver (1938-1988) fue un autor de relatos y poeta estadounidense. Al acabar la secundaria, Carver trabajó en un aserradero. Se empezó a interesar por la escritura en California, adonde se trasladó con su familia porque su suegra tenía una casa allí. Publicó su primer relato en 1961 y más adelante volvió a los estudios. A lo largo de los años siguió asistiendo a clases de escritura en distintas

ESTA MAÑANA ME LEVANTÉ CON LA TREMENDA URGENCIA DE PASARME EL DÍA TUMBADO EN LA CAMA LEYENDO

universidades, al tiempo que alternaba diversos trabajos y trataba de sacar tiempo para escribir. Su primera colección de relatos, *¿Quieres hacer el favor de callarte, por favor?* (1976), llegó a ser finalista para el National Book Award. Después de superar su alcoholismo, siguió escribiendo hasta los 50 años, edad a la que falleció de un cáncer de pulmón. La cita está extraída de su poema *Lluvia*.

El escritor inglés **Anthony Powell** (1905-2000) estudió en Eton y en el Balliol College de Oxford, donde conoció a autores y artistas algo más jóvenes, como Evelyn Waugh, John Betjeman o Graham Greene. Antes de la II Guerra Mundial, trabajó en el sector editorial y como guionista para

Los LIBROS *sí que visten una* HABITACIÓN

Books do furnish a room

el estudio de los hermanos Warner, y más tarde se convirtió en novelista y crítico literario a tiempo completo. Su obra más conocida probablemente sea su novela en 12 volúmenes *Una danza para la música del tiempo*, de la que se extrae la cita.

The first thing that reading teaches us is how to be alone

LO PRIMERO QUE TE ENSEÑA LA LECTURA ES A ESTAR SOLO

Jonathan Franzen (1959) es un novelista y ensayista estadounidense. Su novela *Las correcciones*, de 2001, fue aclamada por la crítica y ganó el National Book Award. Suele escribir para *The New Yorker*. La cita está extraída de una colección de ensayos titulada *Cómo estar solo*.

Después de graduarse en la Dublin University, el autor satírico y político, ensayista, poeta y clérigo angloirlandés **Jonathan Swift** (1667-1745) fue nombrado secretario del estadista ya retirado William Temple, que lo animó a ir a estudiar a Oxford. Bajo la influencia de Temple también empezó a escribir. A la muerte de este, sin embargo, Swift tuvo que recurrir a su formación como presbítero y pasó una década ejerciendo de pastor de una pequeña congregación cerca de Dublín. Más tarde retomó la escritura y dio a imprenta algunos de los más punzantes panfletos de la historia. Se le recuerda sobre todo por *Los viajes de Gulliver*, *La batalla entre los libros antiguos y los modernos* y la *Historia de una barrica*, de la que se extrae la cita.

LOS LIBROS, LOS HIJOS DEL CEREBRO

Books, the children of the brain

El novelista y cuentista estadounidense **Francis Scott Fitzgerald** (1896-1940) fue uno de los autores más famosos de la época del jazz. Perfeccionó su técnica como escritor mientras estudiaba en Princeton University. En 1917 abandonó sus estudios para alistarse en el ejército. Debido al éxito de su primera novela se convirtió en un personaje conocido de la noche a la mañana y eso le permitió casarse con Zelda, la mujer de su vida. Durante sus visitas a París entabló una gran amistad con Ernest Hemingway, que no se llevaba bien con Zelda. Hemingway opinaba que esta animaba a Fitzgerald a beber y lo distraía de su labor como escritor. En 1937, Fitzgerald se trasladó a Hollywood, donde trabajó como guionista. Su salud empezó a deteriorarse a causa del alcoholismo y murió de forma prematura, de un ataque al corazón, a los 44 años. *El gran Gatsby*, considerada su obra maestra, no se convirtió en una novela de éxito hasta después de su muerte.

LOS MEJORES LIBROS SE ESCRIBEN SOLOS, SOLO LOS LIBROS MALOS DEBEN SER ESCRITOS

Great books write themselves, only bad books have to be written

It's always better to have too much to read than not enough

La novelista estadounidense **Ann Patchett** (1963) se crio entre personas dedicadas a la literatura. Su madre es la escritora Jeanne Ray. Publicó textos en la revista *The Paris Review* incluso antes de licenciarse en la universidad. Ha colaborado con numerosas publicaciones, entre ellas *The New York Times Magazine*,

Siempre es mejor tener demasiadas cosas para leer que no tener suficientes

Vogue, *The Washington Post*, *GQ* y *Elle*. Su obra más conocida es *Bel Canto*, su cuarta novela, con la que obtuvo el premio PEN/Faulkner. Cuando Patchett se dio cuenta de que en la localidad de Nashville, donde vive, ya no existía ninguna librería en condiciones, decidió fundar Parnassus Books junto con una amiga.

The smell of a freshly printed book is the best smell in the world

Infatigable modisto, artista y fotógrafo, **Karl Lagerfeld** (1933) vive y trabaja en París. Tras ganar un premio en la categoría de abrigos de un certamen internacional de diseño de moda, fue contratado como asistente de Balmain. Más adelante trabajó para Patou, Chloé y Fendi, entre otras firmas de moda. En 1983 se le invitó a dar un soplo de aire fresco a Chanel, marca que representa la quintaesencia del lujo y cuya imagen él se encargó de ir actualizando y rejuveneciendo progresivamente. Lagerfeld afirmó una vez que "lo que de verdad me gusta es lo que nunca he hecho antes". Esto incluye diseñar el vestuario de una ópera, concebir una nueva botella de Coca-Cola light, abrir una librería y fundar su propia editorial. La cita está extraída de *Paper Passion*, un libro sobre el placer que puede brindar el papel y que contiene un perfume con el mismo nombre.

El olor de un libro recién impreso es el mejor aroma del mundo

Cuando el novelista y periodista inglés **Charles Dickens** (1812-1870) contaba tan solo 12 años de edad, su padre fue encarcelado por moroso, lo que constituyó un verdadero punto de inflexión en su vida. A partir de ese momento, el joven Dickens tuvo que dejar los estudios y ponerse a trabajar en un almacén como abrillantador de calzado. Esta experiencia lo marcó profundamente y lo convirtió en una de las voces más influyentes de su tiempo en defensa de la clase trabajadora. La fama le llegó con *Los papeles póstumos del Club Pickwick*, uno de los libros más populares de su época. De ahí en adelante pasó a producir novelas a un ritmo endiablado, entre ellas *Oliver Twist* —de la que se extrae la cita—, *Grandes esperanzas* y *David Copperfield*.

EXISTEN LIBROS
CUYAS MEJORES
PARTES SON,
DE LEJOS, LA

CUBIERTA

Y LA

CONTRA-
CUBIERTA

There are books of which the backs and covers are by far the best parts

Cuanto más me gusta un libro, más despacio lo leo.

Anatole Broyard (1920-1990) fue un escritor, crítico literario y editor estadounidense que escribió para el *New York Times*. Aunque la suya era una familia mestiza de los *creoles* de Luisiana, fue alistado en el ejército como miembro de la raza blanca, lo cual permitió que llegase a ser oficial durante la II Guerra Mundial. Tras la guerra, mantuvo su identidad de hombre blanco, si bien nunca ocultó que parte de su linaje era de color. Durante casi 15 años Anatole Broyard escribió una reseña literaria diaria en *The New York Times*, al tiempo que impartía cursos de escritura creativa en las universidades de Nueva York y de Columbia. Con setenta y muchos años, Broyard empezó a publicar una serie de breves artículos personales en el *Times*, considerados por muchos como su mejor producción literaria. Fueron reunidos bajo el título de *Men, Women and Anti-Climaxes*. La cita está extraída de un artículo publicado en *The Times* titulado "Rereading and Other Excesses".

Esta manera espontánea de responder a lo que se lee es de las cosas que hacen de la lectura algo tan valioso

The more I like a book, the more slowly I read. This spontaneous talking back to a book is one of the things that makes reading so valuable

Hay

Bertrand Russell (1872-1970) fue un filósofo, lógico, matemático, historiador, escritor y activista político británico. Tras la muerte de sus padres y de su hermana, él y su hermano quedaron a cargo de sus abuelos. Su adolescencia fue muy solitaria y llegó a decir que solo su deseo de aprender matemáticas, después de que su hermano lo introdujera a la geometría euclidiana, lo salvó del suicidio. Sus contribuciones a la lógica, la epistemología y la filosofía de las matemáticas hicieron de él uno de los filósofos más importantes del siglo XX. Sin embargo, fue más conocido por el público en general como un defensor de la paz y como escritor de temas sociales, políticos y morales. Bertrand Russell recibió el Premio Nobel de Literatura en 1950. Esta cita está sacada de *La conquista de la felicidad* (1930).

dos motivos para leer un libro: uno, disfrutar con él; el otro, jactarse de ello

There are two motives for reading a book; one, that you enjoy it; the other, that you can boast about it

Los libros en los que creemos

Kitaplar insanın mutsuzluğuna teselli sandığımız bir derinlik katar yalnızca

hallar consuelo no hacen más que aumentar la profundidad de nuestra pena

Orhan Pamuk (1952) es uno de los novelistas turcos más destacados. Su primera vocación fue la arquitectura. Sin embargo, tras cursar tres años de carrera se pasó al periodismo, para luego convertirse en escritor a tiempo completo. Después de acabar los estudios vivió con su madre ocho años, en los que escribió su primera novela y trató de encontrar un editor. La cita está extraída de su libro *Mi nombre es rojo*, una novela sobre unos miniaturistas en la Estambul del siglo XVI. El estilo de la novela recuerda al de Jorge Luis Borges. Pamuk recibió el Premio Nobel de Literatura en 2006.

James Joyce (1882-1941) fue un novelista y poeta irlandés. Después de tener que abandonar Clongowes, "el Eton irlandés", porque su padre no podía seguir pagando la matrícula, pasó dos años estudiando en casa, por su cuenta. Su madre se encargaba de supervisar sus avances. Aunque Joyce residió la mayor parte de su vida en la Europa continental, su universo literario se centra en Dublín. Su obra más conocida es el *Ulises*, una de las novelas más influyentes del siglo XX, escrita en buena parte en la revolucionaria forma del monólogo interior. La cita está extraída de *Retrato del artista adolescente*, su novela de formación, en gran medida autobiográfica.

Le entraron ganas de llorar quedamente, pero no por sí mismo, sino por aquellas palabras tristes y hermosas como música

He wanted to cry quietly but not for himself: for the words, so beautiful and sad, like music

Edward Bulwer-Lutton (1803-1873) fue un novelista, poeta, dramaturgo y político inglés. Fue un niño frágil y neurótico que detestaba el internado donde estudiaba. Sin embargo, también fue un joven precoz y a la edad de 15 años lo animaron a que publicara sus primeros poemas. Contrajo matrimonio en contra de los deseos de su madre, y cuando esta le retiró la asignación, se vio obligado a trabajar para vivir. Practicó diversos géneros, entre ellos la novela histórica, la literatura romántica, la de misterio y la de los poderes ocultos. La cita está extraída de su obra teatral *Richelieu*.

LA

pluma

ES MÁS

FUERTE

QUE LA

ESPADA

The pen is mightier than the sword

Provavelmente, ler também é uma forma de estar lá

Probablemente, leer también sea una forma de estar allí

José Saramago (1922-2010) fue un escritor portugués, galardonado con el Premio Nobel de Literatura en 1998. Sus padres no se podían permitir que José fuera al instituto, por eso tuvieron que matricularlo en la escuela de oficios, para que aprendiera el trabajo de mecánico. Sin embargo, él siguió sintiendo fascinación por los libros y más o menos a los 19 años comenzó a visitar asiduamente una biblioteca pública de Lisboa donde pudo desarrollar su afición por la lectura. Más adelante comenzó a escribir las novelas que irían forjando su reputación como escritor a partir de la década de 1950. Su obra más conocida es *Ensayo sobre la ceguera*. La cita está extraída de *El hombre duplicado*.

Some books are undeservedly forgotten, none are undeservedly remembered

Algunos libros se olvidan inmerecidamente, pero ninguno es recordado sin merecerlo

Si bien fue más conocido como poeta, **W. H. Auden** también fue un destacado escritor y dramaturgo, galardonado con el Premio Pulitzer en 1948 por su obra *The Age of Anxiety*. En la primera etapa de su carrera se le consideró un poeta innovador. Después de trasladarse a Estados Unidos, comenzó a interesarse por temas religiosos y éticos, que abordó con un estilo menos dramático. Auden estuvo casado con Erika Mann, la hija del novelista alemán Thomas Mann, pero fue un matrimonio de conveniencia que no duró mucho tiempo. *Funeral Blues*, más conocido como *Detengan los relojes*, se recita en una escena memorable de la película *Cuatro bodas y un funeral*.

Leer nos brinda un sitio adonde ir

Mason Cooley (1927-2002) fue profesor de lengua francesa y de literatura en el College of Staten Island, y de lengua y literatura inglesas en la Columbia University. Se le conoce sobre todo por sus ingeniosos aforismos,

Reading gives us someplace to go when we have to stay where we are

uando tenemos que quedarnos donde estamos

unos 1.500 en total, muchos de los cuales fueron publicados en una colección titulada *City Aphorisms*.

Tipografías

Adobe Jenson Pro
AdobeCaslonSwash
AG Old Face
Allegro BT
Antique Ancienne
American Typewriter
Avant Garde Gothic
Bank Gothic
Barcelona
Barcode Five
Bauer Bodoni
Behrensschrift
Belwe
Bembo
BentonSans
BernhardFasD
BlackmoorPlain
BlizzardD
Block Berthold
BodoniOrnamental
Broadway-Engraved
Bulmer MT
Bureau Grot ThreeSeven
Caslon
Centaur MT
Century Old Style
Cheltenham
Clarendon BT
ClarendonW01
Clearface
Cloister
Compacta
Cooper
Copperplate Gothic
Cushing
De Vinne Text
DTL Fleischmann
DTL Nobel
EdwardianEF
Egyptian710
EnglischeSch
Engravers
Farao
Figgins Sans
FilmotypeKeynote
Fournier
Franklin Gothic
Frontage-3D
FrysBaskerville
Futura
Garage Gothic
Garamond Premier
Geometric Slabserif 703 Condens
Gibson
Gill Sans
Golden Cockerel
Goudy Tex
GoudyTwoShoes
Grotesque
Hartwig-Schrift
Helvetica Inserat
Hipster Script Pro
Isabella
Italian Old Style
Jannon Ant
Janson Text
Johnston
Kis
Linotype
Louisville
Lubalin Graph
Lydian
Maximus
Minion Pro
Modern Light
Monotype Modern
New Baskerville
P22Preissig Scrape
Parisian
Peignot
Perpetua
PhosphorW00
PlywoodW01
Poliphilus
Poppl-Residenz
QuarterOpen
Ravenscroft
RoosInitialsW90
Sackers English Script
Sackers Open Antique
San Marco
SchadowW03
ScotchMicroW06
Shadowone
Showcard
SpikeLightW01
Tiffany
TorinoModernW90
Trade Gothic
Tribute
TrumpGothic WestW01
University
VendomeICG
VenusW01-Mager
Walbaum
WalbaumW01
Weiss
Zebrawood

Índice de autores